Humanité Nouvelle.

LIVRES DE LANGUE FRANÇAISE

Les Français d'aujourd'hui, par Edmond Demolins, vol. in-18 de XII-465 p. ; 3 fr.50;
Firmin Didot, éditeur ; Paris 1898. — Dans la dernière ligne de son ouvrage, l'auteur nous annonce la publication future de volumes qui en justifieront le titre.
Dans le livre actuel, il ne s'agit que des « Types sociaux du Midi et du Centre », et
seulement d'un petit nombre de ces types, déterminés par le relief, la nature du sol

et le mode d'exploitation qui en est la conséquence. Ces personnages typiques sont dépeints d'une manière admirable, et c'est avec un intérêt passionné que j'ai lu les descriptions des clans, des familles et des individus représentatifs qu'il fait défiler devant nous, dans les Pyrénées et dans les Alpes, en Auvergne, dans la Marche, en Corse et en Provence. Mais il nous semble que M. Demolins s'est trop hâté de tirer des conclusions générales des exemples si intéressants qu'il nous a cités. Pour nous peindre en pied le « Français d'aujourd'hui », il faut avoir pris de nombreuses esquisses représentant non seulement les ruraux de toutes les provinces, mais aussi les citadins de la petite ville et les urbains par excellence, ceux de Paris, où se mêlent tant d'éléments divers et qui, disons-le, comptent individuellement beaucoup plus que les frustes exemplaires des régions écartées. Il se constitue un type nouveau, dans lequel se retrouvent, en proportions fort difficiles à mesurer, les traits de tous les types antérieurs. Dans cette grande capitale, de même que dans les autres centres cosmopolites de l'activité mondiale, se forment des représentants de l'humanité tout entière, supérieurs à tous les types nationaux d'autrefois, Français, Anglais ou Américains.

En réalité, l'impression générale que je reçois de l'ouvrage de M. Demolins, sans préjuger les modifications qu'y apportera la continuation de la série, est que le titre est mal choisi. Le Français que l'on montre à nos yeux est beaucoup plus celui d'hier que celui d'aujourd'hui, et même ce n'est pas le Français que M. Demolins analyse devant nous, ce sont les provinciaux : Béarnais et Dauphinois, Caussenards, Limousins et Provençaux. L'étude de M. Demolins est tellement spécialisée que le livre se rapporte plus aux origines de la nation française qu'à son état actuel, ceci dit sans vouloir diminuer la valeur de l'œuvre dont nous parlons, bien au contraire. L'arbre n'est point connu tant qu'on n'a pas suivi les vibrations de la vie jusque dans le réseau mystérieux de ses racines.

C'est à ce point de vue que l'auteur dissèque le montagnard qui pérégrine des hauts pâturages à la plaine et de la plaine aux pâturages des monts pour trouver dans ce pâtre la cellule originaire des paysans du Béarn et du Dauphiné. Avec la même sagacité et la même acuité de perception, il nous montre les beaux herbages de l'Auvergne qui ont fait le superbe bétail de Salers et qui, par contre-coup, ont enrichi le propriétaire, ont assoupli ses facultés commerçantes, ont fait son éducation de maquignon émérite. Arrivé dans la Provence et le Comtat-Venaissin, l'auteur nous expose aussi ingénieusement comment le paysan de ces contrées est devenu petit propriétaire, grâce à la culture des arbres fruitiers, qui n'exige ni grande main-d'œuvre ni forts capitaux, ni connaissances supérieures ; il nous dit aussi comment ce même Méridional, exploitant ses arbres fruitiers, a développé ses aptitudes de petit commerçant pour l'huile, le savon, les amandes ; enfin, à force de prouver, il finit par trop prouver, lorsqu'il cherche à établir que le Méridional a, sinon inventé du moins pratiqué plus en grand que tout autre ce qu'il appelle la « politique de la cueillette » — non pas seulement la cueillette des fruits, mais aussi la cueillette des places. — Sans doute dans les communes et les cités du Midi, le parti vainqueur s'empare de toutes les dépouilles du parti vaincu. Comme de droit naturel, il s'accorde les places, les bourses, les faveurs, le budget. Toutefois est-il exact de flétrir ces contrées du Midi comme celles où fleurit le plus la cueillette des places ? L'histoire de tout le deuxième demi-siècle dans lequel nous vivons, clame qu'il n'est pas un syndicat, pas un *ring* de pillage qui ait dépassé ou même atteint celui de New-York, cité qui n'est ni grecque ni latine, dans l'art de voler ou de piller le peuple. Est-ce la cueillette des fruits qui a rendu les politiciens de Tammany Hall si adroits à se faire verser les pots de vin ? N'est-ce pas la transformation rapide de la politique en grande industrie, sous la direction de sociétés anonymes, qu'il faut en accuser ? Nous y voyons surtout les suites directes d'une situation économique qui dérive de l'accaparement des fortunes. M. Edmond Demolins se fait la part trop belle lorsqu'il affirme triomphalement (p. 116) que « toutes ces conséquences considérables ont pour point de départ et cause principale le développement extraordinaire des productions fruitières du Midi ! »

Je reprocherai également à l'auteur de donner certaines hypothèses comme vérités établies, sans prendre la peine de les étayer d'une argumentation quelconque. Ainsi les « Pyrénéens, anciens Ibères, appartenant au type des populations arrivées des déserts de l'Afrique » ! Voilà ce que l'on nous déclare en toute assurance (p. 154), comme devant nous aider à comprendre l'organisation de la famille en Armagnac. De même, on nous affirme en parfaite tranquillité d'esprit que les Celtes, se dirigeant vers les Gaules, « y arrivèrent en droite ligne à leur sortie de la vallée du Danube ». L'auteur nous dit également comment « ils descendirent cette vallée de la Loire, où ils purent continuer à mener leur vie à demi pastorale, grâce à la large bande de prairies qui bordent les rives du fleuve..... Depuis qu'ils étaient sortis de la puzta hongroise pour s'engager, bien plus de force que de gré, dans la partie étroite du haut Danube, pareille bonne fortune ne leur était pas arrivée ». Ce sont là des assertions tranchantes, fort audacieuses dans la bouche d'un observateur qui se plaît aux méticuleuses recherches sur l'histoire précise, détaillée, des familles et des villages.

Des faits, tels qu'il les a vus et interprétés, M. Demolins déduit très nettement des conclusions et les formule comme des lois. A ses yeux, la grande propriété tient dans ses flancs les progrès de l'agriculture; le petit paysan, prolétaire agricole, est à jamais incapable de faire quoi que ce soit pour l'amélioration du sol : il est condamné d'avance à se tourner vers le capitaliste comme vers un libérateur. « L'avenir de la culture est uniquement dans l'initiative éclairée des hommes qui possèdent les capitaux » (p. 332). Dans un autre passage (p. 329), l'auteur nous montre le propriétaire intelligent « aux prises avec les métayers dont il a entrepris de faire des hommes nouveaux : en effet, ce n'est pas seulement le bétail et les procédés de culture qu'il faut renouveler, c'est l'homme ».

Nous souhaitons toute chance à ce capitaliste luttant contre la routine, mais cela ne nous empêche point de professer une doctrine tout à fait contraire à celle de M. Demolins. En agriculture, aussi bien que dans toutes les autres branches du travail humain, l'émancipation des travailleurs ne viendra que des travailleurs eux-mêmes. Certes, si d'illustres agronomes ont introduit dans certains pays d'excellentes méthodes de culture, s'ils ont fait connaître des espèces nouvelles de plantes ou d'animaux, ou bien encore pratiqué des industries que l'on ignorait avant eux, il ne faut pas oublier que la grande propriété dans son essence comporte fatalement la privation de la propriété pour le plus grand nombre. Si quelques-uns ont beaucoup, c'est parce que la grande majorité a peu de chose, que des multitudes n'ont rien du tout. De grands propriétaires saisis par la passion du sol peuvent devenir des bienfaiteurs locaux, mais la grande propriété elle-même est un désastre à peine moindre que la dévastation et l'incendie : elle finit d'ailleurs par arriver au même résultat, c'est-à-dire à la ruine des populations et le plus souvent à celle de la terre elle-même. Sans doute le seigneur intelligent arrive à former d'excellents valets de ferme; il aura des domestiques d'une irréprochable correction ; mais en supposant même que l'industrie féconde inaugurée par lui donne à toute la population environnante un travail surabondant, n'est-il pas inévitable que par sa façon de dicter le travail, il fasse des sujets avilis au lieu de préparer de nobles égaux ? Tous ces hauts personnages terriens s'efforcent, nous le savons, de conserver une société à caractère essentiellement monarchique; bien plus, ils cherchent à revenir vers le passé, à détruire dans leur milieu tous les éléments démocratiques, à reconstituer un monde féodal où le pouvoir appartienne à ceux qu'ils jugent le plus méritants — c'est-à-dire à eux-mêmes, — et à défaut de mérite, aux mieux apanagés. Une carte de France indiquant la répartition de la terre indique aussi la distribution des partis politiques : le mur des grands parcs mure aussi les esprits. Parmi les raisons qui livrent d'avance tel canton à des représentants et à des maîtres réactionnaires, à la fois cléricaux et militaristes, il n'en est pas de plus décisive que l'influence des puissants gentilshommes. Sans même se donner la peine de faire voter leur valetaille et leurs fermiers, ils les dirigent par le fait même de leur pouvoir dans une voie d'abaissement moral. Toute la séquelle vote sincèrement en vue d'un régime d'obéissance envers le maître héréditaire : c'est le même esprit qui dicte les suffrages des larbins et des fournisseurs dans les quartiers élégants des cités et des villes d'eaux. Qu'on lise les admirables monographies de communes, dressées avec tant de soin et de scrupule par M. Arsène Dumont, qu'on étudie surtout celles qui se rapportent au canton de Beaumont-Hague, et l'on verra combien effroyable est la malédiction que le régime de la grande propriété fait peser sur les communes rurales.

Toute l'argumentation de M. Demolins relativement à l'avantage de vastes domaines de culture repose sur cette hypothèse, que le possesseur fortuné de ces immeubles se considère comme un éducateur de ses paysans, comme un dispensateur responsable de ses revenus; mais cette supposition est souvent gratuite. L'histoire nous dit que la plupart des propriétaires de grands domaines sont des jouisseurs qui reçoivent comme un dû le produit du travail d'autrui et ne donnent rien en échange. Plusieurs ne font pas même à leurs corvéables l'aumône de leur présence; pratiquant « l'absentéisme », ils dépensent dans une capitale et dans les villes d'eaux et de jeux l'argent qu'il coûte si cher à leurs paysans de ramasser; à l'égard de ces hommes dont ils sont en équité les fidéi-commissaires, ils se mettent dans une situation qui entraîne fatalement des sentiments de haine, d'envie, d'abhorrence réciproque et qui contient en germe, soit la décadence, soit la révolution. Et, pour quelques magnifiques domaines dirigés avec science comme des usines pourvues des plus récents procédés, que de vastes étendues possédées par un seul, où la terre se trouve encore à l'abandon, où nul agronome ne dose la teneur des terres pour leur confier précisément les plantes qui leur conviennent et mesurer à celles-ci exactement la nourriture voulue. Si dans l'économie générale de la France, on pouvait établir en détail d'un côté la somme de tous les excédents de bénéfice dus à la gérance d'un seul dans les grands domaines, et de l'autre côté le total de toute la déperdition causée dans les communes par la substitution des parcs, des territoires de chasse et des landes aux petites propriétés dépossédées, nul doute que la balance ne penchât beaucoup du côté de l'appauvrissement. Il en resterait acquis que la grande propriété est bien pour les peuples modernes ce qu'elle fut pour les peuples anciens, le fléau de la mort. La situation de l'Angleterre, que l'on aime à nous citer comme modèle de pays agricole, parce que les rares terres à blé, choisies parmi les meilleurs sols, donnent des récoltes supérieures à celles des autres pays, cette situation est-elle donc si enviable? Produire pour douze ou quatorze semaines de nourriture seulement et vivre, pendant les trois quarts de l'année, d'aliments importés, ce sont là certainement des conditions redoutables d'existence nationale.

Heureusement le régime de la grande propriété n'a point prévalu d'une manière absolue et l'initiative individuelle a trouvé de nombreux dérivatifs en notre monde bouleversé par les révolutions. Quoi qu'on en dise, cette initiative s'est fait jour, surtout parmi les maraîchers et même parmi les petits cultivateurs de campagne, quoiqu'avec moins de faste, moins de littérature et de banquets que parmi les riches agronomes. Je connais en province un notaire agriculteur, dont l'étude ne désemplit pas de paysans qui viennent lui demander avis sur engrais et semences, sur labourage et drainage. Sans doute, le pauvre est routinier et n'aventure son obole rognée par le fisc et l'usure qu'avec une extrême prudence, mais il l'aventure pourtant : il sait observer, expérimenter, apprendre; les générations et les siècles ne passent pas sur lui sans qu'il réalise des progrès durables. La terre de l'âpre paysan rapporte aujourd'hui plus du double de ce qu'elle rapportait lorsque Arthur Young parcourait les terres de France au siècle dernier et qu'il en constatait la pauvreté désolante. Il y a progrès par le fait de l'initiative isolée et cependant l'union des forces, qui joint tous les avantages de la grande et de la petite propriété, n'est presque pas intervenue. Elle ne fait que s'annoncer par des syndicats de culture, par des achats ou des locations de machines en commun, et quoique cette œuvre de collaboration soit à peine commencée, les conséquences heureuses s'en font déjà puissamment sentir.

Voilà bien des chicanes, dira-t-on! Puisque l'ouvrage de M. Demolins offre à la lecture un puissant intérêt, pourquoi ne pas se borner à le recommander avec instance au public? Mais c'est précisément parce que les *Français d'aujourd'hui* sont un livre de haute valeur, qu'il convient de s'en saisir et de le discuter en toute franchise, non seulement dans ses détails, mais aussi dans son principe même. Oui, dans son principe! Car on peut se demander si la science sociale, telle que la comprennent M. Demolins et ses disciples ne repose pas sur une classification erronée des faits. A l'entendre, cette classification, établie par M. de Tourville, est un instrument de travail aussi précieux pour les progrès de la sociologie que le fut la nomenclature chimique pour les progrès de la chimie (p. 133). Grâce à son emploi, rien ne serait plus facile que « d'analyser exactement et rapidement les sociétés les plus compliquées ». Mais, au contraire, il nous semble que cet instrument, fort dangereux entre les mains de chercheurs maladroits, peut les entraîner aisément à toutes les absurdités, car il n'y a point de classification régulière et constante des faits sociaux. La nomenclature à dresser varie pour l'étude de chaque groupe social, puisque l'importance des faits se modifie sans cesse suivant les temps et les lieux, aussi bien pour les peuples que pour les individus. Des civilisés et sur-civilisés baignent en un milieu tout différent que celui dans lequel se trouvent des primitifs, et soumettre les uns et les autres à un même questionnaire, rédigé dans le même ordre, c'est aboutir fatalement à la confusion des langues, autour d'un nouveau temple de Babel.

ÉLISÉE RECLUS.

1ᵉʳ Janvier 1899.

LIVRES DE LANGUE FRANCAISE

Les Communes mixtes et le Gouvernement des Indigènes en Algérie; vol. in-8° de 130 p.; Challamel éditeur; Paris 1897. — L'auteur de cet ouvrage n'a pas donné son nom, et nous le comprenons sans peine. Ayant certainement pris une haute part à l'administration de l'Algérie, il lui serait très agréable de pouvoir couvrir de louanges une œuvre dans laquelle il a quelque responsabilité, et dans ce cas il eût pu nous donner son nom sans avoir à s'exposer à des ennuis de la part de ses anciens chefs et collègues de la caste à laquelle il appartient. Mais l'auteur anonyme ne trouve pas que tout soit pour le mieux dans la meilleure Algérie possible. Loin de là, il nous montre au contraire dans quelle déplorable situation, à tous les points de vue, se trouvent les communes dites « Mixtes », qui comprennent 82 p. 100 du territoire algérien et les trois quarts de la population indigène.

Les communes mixtes, qui ont leur origine dans l'ancienne administration de l'Algérie, sont devenues des rouages de l'administration civile et les commandements militaires y sont remplacés par des fonctionnaires sans uniforme. La plupart sont formées de deux éléments distincts : d'une part un certain nombre de douars ou tribus indigènes et, d'autre part, un ou plusieurs centres européens en voie de création. Leur superficie est très vaste puisqu'elles ont en moyenne 144.000 hectares chacune, soit environ la superficie d'un arrondissement moyen de la France : en Kabylie, plusieurs de ces communes, presque sans droits, ont cinquante mille habitants et davantage. La commune mixte, portant le nom de commune, possède aussi un corps officiel ayant l'appellation de « Commission municipale » et les indigènes y sont représentés aussi bien que les Européens suivant le nombre des douars. La délibération a lieu en français, entre *Roumi* qui ne connaissent pas l'arabe et indigènes qui n'ont qu'une vague idée de la langue française. Naturellement le président fait traduire les arguments à sa convenance, ou même ne les fait pas traduire du tout. Les Français sont les premiers à voter, puis : « l'Administrateur se tourne vers les membres indigènes et, d'un signe de tête, demande leur avis ». Les *Arbicots* s'inclinent en signe d'assentiment, comme le chœur antique. En réalité, les communes mixtes ne sont que des pays d'impôts où l'administration cherche à se procurer les ressources qu'elle ne trouverait point ailleurs; dans la répartition du budget, ce sont les sections européennes qui bénéficient des avantages, et les sections indigènes qui fournissent la plus grande quantité des ressources. Il faut lire en détail, dans l'ouvrage qui nous occupe, l'exposé de cet inique gâchis administratif. Quel serait le remède ? Ceux qui ne voient dans la colonie qu'un champ d'exploitation ont une solution toute simple : supprimer tranquillement les communes mixtes et les annexer aux communes de plein exercice. L'auteur du mémoire que nous analysons est plus équitable et tient à rendre justice aux indigènes. Il n'y a qu'une solution conforme au droit : Rendre à chaque groupe son individualité et son autonomie. En dehors de la liberté, il n'y a pas de conciliation possible entre les races.

ÉLISÉE RECLUS.

LIVRES DE LANGUE FRANÇAISE

Natalité et Démocratie, par ARSÈNE DUMONT ; vol. in-18 de 230 pages ; 3 fr. ; Schleicher frères, éditeurs ; Paris, 1898. — Le savant démographe a reproduit en forme de livre six conférences qu'il a faites récemment à l'Ecole d'Anthropologie de Paris et procuré ainsi à la science contemporaine un ouvrage de premier ordre. Nulle part, on n'a mieux étudié dans ses phénomènes statistiques la redoutable maladie dont la France est atteinte. Quelle est la cause de cette consomption sociale ? Nous n'avons point à l'indiquer ici : l'auteur discute les faits avec une telle compétence et une telle maîtrise de son sujet qu'il nous faudrait simplement répéter ce qu'il a dit : il vaut mieux faire un appel pressant à tous les hommes studieux, à tous ceux qui s'intéressent à cette fraction de l'humanité qui s'appelle la France, pour qu'ils connaissent la question d'une façon définitive. Après la lecture de cet ouvrage, il n'y a plus de doute à avoir : si le nombre des enfants est devenu tellement faible dans les familles françaises en proportion de la normale, c'est que les parents veulent, en effet, ne point avoir de postérité. La France est enroutée dans une mauvaise voie, et, tant qu'elle ne se guérira pas du fonctionnarisme, elle ne se guérira pas de la stérilité voulue.

« L'idéal des neuf dixièmes de nos populations agricoles est la vie oisive du bourgeois vivant de ses rentes. Immédiatement après vient dans leur estime la situation sûre du fonctionnaire. Or, une famille a toujours la fécondité de la classe à laquelle elle voudrait appartenir. »

Je ne me permettrai qu'une seule critique à l'adresse de l'auteur. Dans sa préface, il a la naïveté de faire appel à un ministre intelligent qui entreprenne le tableau démographique de la France, commune par commune et décade par décade. Hélas ! comment serait fait ce travail s'il prenait un caractère officiel et devenait une proie du budget pour nourrir toute une bande de scribes, compétents et incompétents et n'ayant, comme la grande majorité des fonctionnaires, d'autre passion que le désir de l'avancement ? Que M. Arsène Dumont ne compte que sur lui-même et sur ses élèves zélés qui dépenseront comme lui leur existence à la recherche de la vérité.

ELISÉE RECLUS.

10 Mars 1899

Les pays de France. Projet de fédéralisme administratif, par P. FONCIN, brochure in-16; 80 p.; 1 fr. A. Colin et Cie, édit.; Paris, 1898. — Simple opuscule, qui contient beaucoup plus de substance que nombre de gros volumes. M. Foncin, un géographe de mérite, a su largement pratiquer ce fédéralisme qu'il vante dans sa brochure. Comme propagandiste pour la fondation de Sociétés locales de géographie, il a réellement fait merveille ; dans le nord de la France, autour de Lille, dans le bassin de la Garonne, autour de Bordeaux, son imitation a été pour beaucoup dans la constitution des Sociétés régionales qui se groupent en fédérations géographiques et comprenant ensemble des milliers de membres. Si la France dépasse l'Allemagne et tous les autres pays du monde par le chiffre géographique de ces sociétaires, c'est en grande partie à M. Foncin qu'on le doit. A ce point de vue, le fédéralisme a donc fait ses preuves, et d'autre part, hélas ! la centralisation administrative de la France a fait les siennes. On sait ce qu'elle nous coûte. Que de fois les manifestations de la vie provinciale ont dû s'arrêter parce qu'il est interdit à tout citoyen d'agir s'il n'a couru de droite et de gauche pendant six mois au moins pour faire griffonner sur une paperasse quarante signatures illisibles. M. Foncin n'a pas de peine à prouver que les divisions géographiques actuelles, c'est-à-dire, les départements, sans parler des subdivisions, sont des régions purement artificielles pour la plupart, ne tenant pas un compte suffisant de la géologie et la géographie physique, de l'ethnographie, des produits et des attractions naturelles : il ne compte qu'une trentaine de départements plus ou moins homogènes. Les départements furent imaginés simplement comme un instrument de guerre, ils furent constitués pour pouvoir combattre l'esprit provincial, et ils ont eu le funeste résultat de tuer toute initiative. D'ailleurs, quelle que soit l'ignorance qui a présidé au partage administratif de la France, cette division a le tort capital, irrémédiable, de ne pas avoir été voulue par la population elle-même, de n'avoir pas été déterminée par le cours de l'histoire, les départements ont été créés dans les bureaux : par cela même ils sont mauvais et absurdes.

La vraie division naturelle du territoire gaulois est celle qui s'est maintenue malgré tout, à travers les vicissitudes politiques, les prospérités et les désastres. Les anciens pagis sont devenus les « pays », et chacun de ces « pays » est une division géographique très nette, connue de tous les habitants et respectée par les traditions et les coutumes. D'ailleurs, leurs origines sont loin d'être toujours les mêmes. Tandis que les unes ont été déterminées franchement par le relief du sol ou par les versants naturels des eaux, d'autres l'ont été par la géologie, par la richesse ou la pauvreté du terrain, par des lisières des forêts et des marécages, enfin, par l'attraction de tel ou tel centre majeur.

Voilà quelles seraient pour M. Foncin les unités locales. Au nombre d'environ trois cents, elles constitueraient autant de cellules politiques ayant un caractère de personnalité indiscutable. Sous la réserve que nous avons faite, celle de la volonté de populations librement et expressément consultées, il nous paraît que ces 300 « pays » fourniraient assez bien les éléments d'un organisme naturel ; mais les difficultés paraissent bien plus considérables pour établir une division au deuxième degré en constituant des unités provinciales. M. Foncin en crée trente-deux de sa propre autorité. Ces trente-deux groupements de pays naturels sont assez ingénieusement délimités. Mais ne voit-on pas tout ce qu'il y a de factice actuellement à créer des frontières, ou si l'on veut, plus simplement des limites administratives, là où le vœu de la population n'en demande aucune. Toutes ces créations artificielles ne peuvent être que des prétextes à places, préfectures et sous-préfectures, fonctionnaires et parasites de tout 'acabit. Tout citoyen d'un groupe local, qui naturellement s'intéresse aux entreprises et aux progrès de son lieu natal ou résidentiel, doit chercher d'abord à vivre avec ses concitoyens en pleine autonomie et indépendance; mais en dehors du « pays » proprement dit, il porte ses regards vers l'ensemble social, et pour ne parler que de la France, il est certain que Béarnais ou Provençaux, Bretons ou Picards, dirigeront leur pensée beaucoup plus vers le foyer commun, Paris, que vers telle ou telle grande ville de province, Toulouse ou Marseille, Rennes ou Amiens. En outre, il y a longtemps déjà que les groupements intellectuels l'ont emporté comme facteurs nationaux sur les simples agrégats de population. Dans toutes les questions majeures qui intéressent les destinées suprêmes, l'homme de valeur se décidera en vertu de ce principe et non en vertu de son origine. Il sera socialiste ou libéral, bien avant d'être de l'Angoumois ou d'Armagnac.

Telle est la raison pour laquelle nous considérons le projet de fédéralisme administratif imaginé par M. Foncin, comme destiné à ne point se réaliser. Quand la nation libre enfin de tous ses Etats-major et de tous ses pouvoirs « protecteurs » se groupera spontanément en « pays » et sociétés autonomes, certainement, il ne restera plus trace de ce qu'on appelle les unités provinciales. ELISÉE RECLUS.

Voyages.

Trois ans aux déserts d'Asie par SVEN HEDIN, traduit du suédois et résumé par Charles Rabot; 1 vol. in-8,281 p. 104 grav. 1 carte; 10 fr. Hachette, édit.; Paris, 1899. — Voici un vrai livre. dont il convient de féliciter à la fois l'auteur, le traducteur et l'éditeur. Swen Hedin est un vaillant, un homme d'une prodigieuse ténacité : il suffit pour s'en convaincre de regarder son portrait, celui d'un héros qui jamais ne recula. Durant son voyage de trois ans et demi à travers le Pamir, dans les déserts de la Kachgarie et sur les plateaux du Tibet, Sven Hedin eut maintes fois à regarder la mort en face, mais il réussit à survivre quand même et à conserver tous les siens, à force d'énergie et d'intelligence, et grâce à la sagacité avec laquelle il avait su choisir ses compagnons.

L'ouvrage que nous avons sous les yeux présente un simple résumé des travaux que Sven Hedin ne manquera pas de publier en de volumineux mémoires ; mais il a pu nous donner déjà une ample provision de faits intéressants. Ainsi l'on peut désormais affirmer, après lecture de *Déserts d'Asie*, que le problème du Lob Nor est résolu. Les deux lacs de ce nom, celui du nord et celui du sud, auxquels on pourrait donner aussi les appellations respectives de « lac Richtofen » et « lac Prjvalsky », sont maintenant identifiés : les deux savants voyageurs qui se disputaient sur la position exacte du Lob ont été réconciliés par Sven Hedin. En effet, tout le bassin inférieur du Tarim est une plaine absolument horizontale où la moindre dénivellation produit des changements notables dans le régime des eaux. Or deux forces très actives travaillent sans cesse à modifier l'horizontalité du pays : les eaux du fleuve, chargées d'alluvions, et les vents dominants d'est et du nord-est. Au printemps, des tempêtes de sable très violentes soufflent de ces directions, apportant des amas de poussière qui refoulent les eaux, comblent les golfes, déplacent le lit fluvial, le repoussent d'un côté ou de l'autre, il en résulte une sorte d'alternance dans le lieu d'épanchement final où se perdent les eaux du Tarim. Le Lob Nor se déplace donc de l'un à l'autre bassin et toujours en changeant de forme. Les anciennes cartes chinoises le représentent allongé de l'est à l'ouest à l'endroit même où maintenant il s'allonge du sud au nord. Bien plus : la nappe peut être alternativement formée d'eau douce ou d'eau salée ; qu'elle persiste longtemps au même endroit, et, peu à peu, elle se saturera de substances salines; mais que les eaux fluviales se déversent ailleurs. et pendant quelques années, elles resteront douces : la salinité ne devient appréciable qu'après un long séjour dans la même partie basse. Des saules naissants, des roseaux indiquent les nouveaux rivages ; des rangées d'arbres morts marquent les plages abandonnées.

Le savant suédois s'est également occupé de la question si controversée du chameau sauvage. Les animaux que rencontra Prjvalsky descendaient-ils de l'espèce originaire? Sven Hedin, d'accord sur ce sujet avec les bergers du Keria daria, pense que ces chameaux sont issus des troupeaux apprivoisés qui peuplaient le pays à l'époque où les villes du Taklamakan, maintenant recouvertes par les sables, étaient les grandes étapes du commerce entre l'Inde et la Chine : il n'existe d'ailleurs aucune différence entre les individus sauvages et les chameaux domestiques.

Au point de vue de la géographie physique, le voyage de Sven Hedin nous a valu de très remarquables observations, notamment sur les sources du Pamir qui jaillissent à la surface. se congèlent immédiatement et forment ainsi de véritables volcans de glace: de même les dunes de Taklamskan. où l'on voit alterner les couches de sable et de neige, présentent un des phénomènes les plus curieux, qu'il soit possible de constater.

Durant son long voyage, où Sven Hedin rencontra tant d'hommes de toute espèce, bons et mauvais, de beaucoup les meilleurs, les plus doux, les plus équitables et les plus dévoués étaient les rares bergers Chirgiz qui avaient eu l'heureuse chance d'échapper à toute tracasserie de la part du fisc, à toute pression de la part de maîtres quelconques. Personne ne s'occupant de faire leur bonheur, ils étaient heureux et bons en conséquence. Sven Hedin n'expose pas les conclusions que lui suggéra ce fait économique, mais il me semble difficile de ne pas en inférer que l'action gouvernementale est toujours funeste : elle n'améliore pas les hommes; elle les avilit. Aussi le voyageur nous dit-il qu'ayant eu la joie de rencontrer, près de la ville ruinée de Taklamskan, un groupe de ces bergers heureux, il se garda bien d'en parler aux fonctionnaires de Yarkand : il respecta la noble indépendance de ces indigènes, que les Russes, hélas ! finiront bien par découvrir, et dont ils feront des soldats, des malheureux sujets.

Il est à regretter qu'un livre de cette valeur ne soit pas accompagné de cartes moins défectueuses.   ELISÉE RECLUS.

13

10 Mars 1899

Sociologie.

La dépopulation en France, par RENÉ GONNARD, 1 vol. in-8°, 137 p. A.-H. Storck, Lyon, 1898. — Encore une brochure qui s'ajoute aux centaines, peut-être aux milliers de documents qui ont été déjà publiés sur cette intéressante question. Du moins l'ouvrage de M. Gonnard est-il le fruit d'une étude très sérieuse, reposant sur des statistiques très savamment comparées. L'auteur arrive aux mêmes conclusions que M. Arsène Dumont et se sert du même mot que lui, « capillarité sociale », pour désigner la cause primordiale du ralentissement des naissances. C'est l'ambition peu noble des parents qui, pour assurer à leur progéniture une situation plus élevée, bourgeoisement, limitent leur descendance à un ou deux rejetons. Les deux pays où l'égalité politique a été poussée le plus loin, tandis que l'inégalité économique s'y accroît sans cesse, la France et la Nouvelle Angleterre, sont précisément ceux où la natalité diminue le plus et où la population ne s'accroît que par le fait de l'immigration. C'est là un désastre, répètent nos économistes et nos publicistes; car la France, ne s'accroissant que faiblement, déchoit par cela même en comparaison avec les autres nations qui s'accroissent beaucoup plus vite; la dépression ethnologique, de même que la dépression barométrique, se comble forcément par les apports du pourtour. C'est là une conséquence fatale.

On se désole de ce résultat et, pour ma part je serais presque tenté de m'en réjouir. Si des millions de jeunes filles et de jeunes hommes s'étaient ajoutés depuis 1870 aux rangs décimés de la génération présente, qu'en auraient fait nos prêtres, nos frères ignorantins, nos officiers d'état-major et tout ce monde de fonctionnaires, qu'on appelle la « République »? Puissent les mères se refuser à concevoir tant que le milieu politique et social les condamne à n'enfanter que des victimes ou des bourreaux!

ÉLISÉE RECLUS.

Le Dahomey, par EDOUARD FOA; vol. in-8, XV-429 p., 12 fr.; A. Hennuyer, Paris 1895. — Cet ouvrage a déjà quelques années de date, mais nous avons le droit d'en parler, puisqu'il est aussi incontestablement le meilleur et le plus complet qui existe. Il ne peut nous donner aucun renseignement sur le Dahomey depuis qu'il est administré par les fonctionnaires français, mais il décrit avec le plus grand détail le pays et les habitants, les produits naturels, les industries, les coutumes et les mœurs, les religions, l'état social, les fêtes et cérémonies, y compris ce que fut la « grande coutume ».

Le Dahomey de M. Foa est donc absolument indispensable comme livre de référence : de longtemps, sans doute, il ne sera remplacé. Mais, au point de vue de la démographie, quelques assertions nous paraissent douteuses. Ainsi, page 110, l'auteur nous dit tranquillement comme si le fait était tout simple, que « la moyenne des sexes est d'un tiers d'hommes pour deux tiers de femmes ». Et page 191, il va même jusqu'à dire que « dans le pays, les femmes sont au moins trois fois plus nombreuses que les hommes «. S'il en était ainsi, le fait serait du plus haut intérêt scientifique, puisque dans toutes les contrées dont la statistique est dressée avec quelque soin, les deux sexes sont représentés par ues nombres peu différents, presque partout, il est vrai, avec un très léger excédent de femmes. Mais le double ou le triple ? Il eût été nécessaire d'appuyer de pareils dires sur des observations quelconques, ne fût-ce que sur des statistiques partielles de villes ou de villages !

Quant à la morale de l'œuvre, nous dirons en toute sincérité qu'elle est abominable. L'auteur semble regretter que la traite n'existe plus. Il nous dit que « le fouet est un stimulant indispensable » page 207. Il demande l'introduction du catholicisme par l'exil des féticheurs et de leurs familles, comme coupables de crimes contre la religion, pages 211, 212. Ce qui d'ailleurs n'empêche pas que les interprêtes, « presque tous élèves de la mission catholique » soient la classe la plus méprisable de toutes, page 298. Enfin l'auteur, presque toujours guidé par la haine des noirs, nous parait avoir sur Libéria et Sierra-Léone les plus vagues notions d'histoire, pages 374 et 375. Il dédie pourtant son livre au général Dodds, qui lui-même a du sang de nègre dans les veines, et qui pourrait s'étonner à bon droit du mépris dont on enveloppe tous les siens.

ELISÉE RECLUS.

In the Shadow of Sinaï, by AGNES SMITH LEWIS; vol. in-8; XVI-261 p.; 5 sh; Macmillan et Bowes, éditeurs; Cambridge, 1898. — Il serait difficile d'écrire des choses bien neuves sur une contrée tant de fois parcourue, même par des hommes illustres. C'est donc avec un sentiment de modestie bien naturelle que Mme Lewis parle de ses recherches « dans l'ombre du Sinaï », mais on n'en doit pas moins admirer la vaillance de la noble femme, et le labeur persévérant qu'elle a mis au service de la science pour la découverte et l'utilisation des précieux manuscrits du monastère. Les savants anglais peuvent être justement fiers de leur collaboratrice. Un manuscrit dés Evangiles en Syriaque, un Evangile selon saint Mathieu en hébreu, contenant une précieuse variante, quelque peu hérétique, au sujet de la naissance de Jésus-Christ.

ELISÉE RECLUS.

VOYAGES.

Jours de Guinée, par PIERRE D'ESPAGNAT: vol.in-18°; II-345 pages; 3 fr.50; Perrin éditeur; Paris, 1898. — Ce livre est bien écrit. L'impression que l'auteur veut nous donner nous est toujours transmise en des termes vivants, poétiques et descriptifs. Nous l'accompagnons sur la redoutable barre de Guinée et nous franchissons avec lui les terribles volutes qui s'écroulent lourdement sur la plage; nous le suivons sur les marais à l'eau brûlante et fade, pullulant d'organismes, et nous entrons avec lui dans les forêts sombres, dans les villages grouillant de peuple et de vermine.

Oui, l'auteur nous fait vivre avec lui des *Jours de Guinée*, mais il faut le dire, nous ne sommes point fâchés de le quitter à la fin du voyage, et de rentrer dans une société d'égaux, où l'outrage adressé aux nègres ne soit pas de bon ton. Ces pages nous en disent long sur la « Civilisation » que nos compatriotes apportent dans le continent africain. Elles nous décrivent les petits captifs (page 129) de sept et de huit ans, dont les parents ont été égorgés, et que l'on emmène au village de traitants, pour les vendre à quelque roitelet noir, à quelque marchand européen qui continuera leur éducation à coups de trique. Ces mêmes pages nous montrent bien la noble conception de la société que se font les administrateurs qui, là-bas représentent le génie français, l'âme de la République (p. 213). « Ah! cette notion de l'autorité, s'écrie un de ces compatriotes qui rage de voir ses prisonniers lui échapper, Ah! cette notion de l'autorité, indispensable comme la vie. Au Dahomey, avec Béhanzin, les têtes roulaient souvent, mais aussi, quelle cohésion! C'était un vrai royaume aux mains d'un vrai roi! » Tel est l'idéal que l'on se fait là-bas d'une société modèle et que l'on aimerait à rapporter ensuite pour l'appliquer dans les conseils de guerre!

Terminons par un tableau qui donne une idée des barbares du pays et de leurs civilisateurs, pages 247, 248 :

« Ce soir, durant ma promenade quotidienne au crépuscule, dans l'unique rue du village, j'aperçois brusquement à mes pieds une chose affreuse. Un être humain ou plutôt un effroyable squelette à face humaine, se roule contre terre autour d'un pieu, la jambe enchaînée à ce pieu. Une grimace et des yeux fous, des yeux immenses, flamboyants, qui donnent le frisson. Le corps de ce malheureux, en tournant ainsi perpétuellement, a fini par creuser profondément dans le sol, avec ce piquet pour moyeu, l'empreinte d'une roue. Il est tout souillé d'immondices et de poussière; il tend vers moi ses bras décharnés. Il essaie de m'atteindre de ses longs doigts de faucheux grattant la terre... Pour faire diversion, heureusement, à ce lugubre tableau, je puis reposer complaisamment la vue sur la jeune et frêle Moia, au visage mélancolique, aux grands yeux de porcelaine... »

Sur cette page, je crois que nous pouvons fermer le livre; il ne nous rendra pas meilleurs. ELISÉE RECLUS.

Spain, its Greatness and Decay (1479-1788), par MARTIN A. S. HUME, with an Introduction by Edward Armstrong; vol. in-18 de VIII-460 pages; 6 shillings; Cambridge University Press, éditeur; Cambridge, 1898. — Cet ouvrage peut être d'une grande utilité. Les événements y sont racontés avec une clarté parfaite, les personnages principaux étudiés avec scrupule et les détails classés avec un ordre méticuleux. Le style, toujours vif et net, soutient l'interet du lecteur. Le livre de M. Hume me paraît donc très digne d'être recommandé quoiqu'il n'ait pas ces qualités maîtresses que l'on attend d'une œuvre d'histoire. A part l'introduction, qui contient quelques vues générales, de nature à faire penser, l'ouvrage ne renferme que la succession des faits envisagés au seul point de vue dynastique. L'auteur est « loyal » à outrance dans le sens anglais du mot : pour lui, tout souverain, tout personnage princier, tout homme en place occupe son rang comme l'a décidé le protocole. L'histoire d'Espagne, d'après M. Hume, est avant tout l'histoire de la cour, et pendant les trois siècles qu'il prétend nous décrire, il montre à peine, en dehors des palais, la foule des malheureux et des faméliques. Quel médiocre défilé que celui de tous ces ministres, soldats et courtisans! ELISÉE RECLUS.

GÉOGRAPHIE GÉNÉRALE.

Congrès national d'hygiène et de Climatologie médicale de la Belgique et du Congo. — 2ᵐᵉ partie. — (Climat, constitution du sol et hygiène de l'Etat indépendant) ; volume in-8 ; 640 pages ; Hayez, éditeur, Bruxelles, 1898. — **L'Etat indépendant du Congo**, par A. J. WAUTERS ; vol. in-18 ; XIII-517 pages, avec carte ; Falk fils, éditeur, Bruxelles, 1898. — Le premier de ces ouvrages est trop spécial pour nous occuper beaucoup : traitant uniquement des météores, du climat, de la constitution du sol, de la mortalité dans le pays en général et dans toutes les stations des blancs en particulier, il ne peut intéresser que les météorologistes et les médecins, auxquels il fournit les plus amples renseignements. Mais l'autre ouvrage, moindre en dimensions, est beaucoup plus important, puisqu'il s'adresse à tous, résumant tout ce que l'on connaît maintenant de cette immense contrée six fois grande comme la France. L'histoire de la découverte et celle de l'annexion, la géographie physique, la géologie, le climat, la flore et la faune, la description détaillée des populations, les conditions économiques et l'organisation politique, tout nous est successivement exposé par l'auteur, qui est, à n'en pas douter, le géographe le plus compétent pour toutes les choses du Congo. Son ouvrage est donc, parmi les centaines, les milliers qui traitent du Congo, celui auquel on doit accorder d'emblée le plus de confiance et que dans une bibliothèque on ne manquera pas de consulter en premier lieu.

Ceci nous donne toute liberté de jugement, car ce livre, destiné sans aucun doute à voir les éditions se succéder, est de valeur suffisante pour qu'on puisse le critiquer sans remords.

Je lui reproche tout d'abord la froideur de l'exposition, l'aridité du style, le manque d'une bonne ordonnance dans le travail et surtout l'addition en plein texte de mémoires signés de noms étrangers qui rompent l'unité de l'ouvrage et y introduisent un grand désordre. Est-il logique, par exemple, d'énumérer les missions religieuses, de nous entretenir d'un testament du roi des Belges et de parler des gisements miniers avant d'avoir fait la description du fleuve et justifié ainsi le titre même de l'ouvrage ?

Au point de vue purement géographique, je ne me permettrai qu'une observation :

M. Wauters donne le nom de Congo supérieur à un cours d'eau qui naît au nord des montagnes de Mitumba et qui, après avoir reçu toutes les rivières qui traversent ces monts par une succession de chutes et de rapides, va rejoindre le Luapula, courant plus imposant par sa masse liquide, qui naît beaucoup plus au sud, de l'autre côté des monts Mitumba, et comprend dans son bassin les deux lacs Bangwelo et Moero. Il est possible, il est même probable que la proposition de M. Wauters, l'autorité par excellence dans les questions du Congo, fasse un jour foi en cartographie, mais je le regrette pour ma part. Le Luapula-Tchambezi a non seulement le privilège du plus grand débit et de la plus grande longueur de cours, il a aussi l'avantage de mieux continuer l'axe de la haute vallée, parallèlement au Tanganyka. Et s'il était vrai que le Lubudi naquît au nord des monts Mitumba, ce qui d'ailleurs n'est pas exact d'après la carte même de M. Wauters, qui dessine le cours du grand affluent Lububuri à travers la chaîne, s'il était vrai, dis-je, que le Lubudi prît sa source dans l'ancienne cavité lacustre du Congo, pourquoi la science, la philosophie, ce sont les termes qu'emploie M. Wauters (p. 145), exigeraient-elles que le titre de « branche mère » fût conservé au cours d'eau qui coule en entier dans un même bassin géologique ? Que de fleuves héroïques qui descendent au contraire de bassin en bassin, traversant barrages après barrages et finissant par imposer une certaine unité géographique et par conséquent historique, aux contrées les plus diverses par le relief primitif ? C'est l'histoire du Danube et du Rhin, et de tant d'autres cours d'eau !

L'auteur est tellement réservé dans son langage au point de vue politique et militaire, et reproduit si facilement les éloges officiels que l'on pourrait facilement le prendre pour un de ces patriotes qui approuvent toujours les actes de leurs gouvernants, les agissements des administrateurs et des officiers. Mais nous savons trop cé qu'est la nature humaine dépourvue de tout contrôle pour ne pas être assurés d'avance que parmi tant de blancs lâchés dans le pays noir ceux qui sont violents, buveurs, débauchés, auront abusé de leur pouvoir et satisfait hideusement leur caprice partout où ils exercent un pouvoir illimité et irresponsable. Nous n'avons pas à suivre ici les discussions intéressées des journaux belges et des revues étrangères : il nous suffit de nous rappeler telles conversations cyniques que nous avons entendues et telles lettres abominables que nous avons de nos yeux vues.

Je plains les prolétaires belges si jamais un général couvert de gloire au Congo, les fait sabrer et fusiller dans les rues de Mons ou de Bruxelles ! Nous nous rappelons les illustres officiers d'Afrique encourageant leurs soldats au meurtre dans les rues de Paris : « Piquez le Bédouin ! »

En terminant signalons à l'auteur pour les errata des éditions futures, quelques petites erreurs ou fautes d'impression, telle « 550.000 mètres cubes à la seconde » pour le débit du Congo (p. 166), et mettons-le en garde contre cette affirmation plus que douteuse, que le lac Tanganika est le lac le plus profond du monde entier (p. 165) ; les riverains du Baïkal protesteraient certainement.

Et quant à moi, je proteste contre l'emploi dans un ouvrage français de mots tels que *graben* pour « fossé », *pool* pour « mare » ou « lac », *hinterland* pour « arrière-pays », je tiens à défendre notre bonne langue française si cruellement malmenée. Qu'elle périsse (si le progrès le veut ainsi) mais que les derniers d'entre nous qui auront eu le bonheur de la parler se servent de la langue maternelle en fils respectueux !

ELISÉE RECLUS.

The Transition of North-Carolina from Colony to Commonwealth, par ENOCH WALTER SIKES; broch. in-8; 85 p.; Université Johns Hopkins éditeur, Baltimore, 1899. — Cette brochure raconte l'évolution qui s'accomplit lorsque la Caroline du Nord se transforma de colonie britannique en l'une des républiques nord-américaines. Le récit de l'auteur est assez plat, sans génie ni larges vues, mais les faits sont intéressants et de nature à montrer comment l'histoire se répète toujours sous l'action des mêmes lois. Ainsi nous y voyons comment le peuple, amoureux de sa paix et de sa tranquillité, fait des sacrifices à ce qu'il croit être l'ordre public et se soumet patiemment, comme un bœuf de labour, à l'aiguillon et au fouet avant de regimber contre son maître. Puis quand la révolution éclate enfin contre des gouverneurs violents et cruels, nous voyons des conservateurs forcenés, des enragés de modérantisme, qui veulent être opprimés, battus quand même, et qui se battent avec acharnement pour le maintien de leur servitude. C'est ainsi que des pères dont les fils souffrent à Biribi vont criant dans les rues : « Vive l'armée! » et que des mères suivent à l'église le cercueil de leur pauvre enfant souillé par des « chastes » ignorantins. La brochure instructive de M. Sikes nous montre aussi comment la révolution des Etats-Unis, que suivit parallèlement l'orage de la Révolution française, fut gouvernée par l'idéal bourgeois, au point d'écarter d'abord tous les habitants pauvres du droit de suffrage : le privilège de voter n'appartenait qu'aux propriétaires. Ajoutons que, dans sa brochure, l'auteur ignore absolument l'existence des nègres esclaves. Pas un seul mot qui nous laisse deviner que des noirs travaillaient également sous le bâton des monarchistes loyaux et des républicains révoltés. ELISÉE RECLUS.

La Colonia Eritrea, par R. MELDI; vol. in-18; XVIII, 362 pages; Battei, éditeur; Parma, 1899. — Ce livre, dédié « aux morts et aux survivants de la campagne d'Afrique », raconte surtout les évènements militaires qui se sont déroulés entre Massaoua et Adoua, pendant la période victorieuse de l'invasion italienne et après la désastreuse bataille qui mit fin à la conquête. Les appréciations du militaire qui a rédigé cet ouvrage nous paraissent assez impartiales, quoique les deux adjectifs « héroïque » et « astucieux» soient trop uniformément appliqués, le premier aux Italiens, le second aux Abyssins, « qui font toujours la guerre en présentant le rameau d'olivier ».Il va sans dire que, d'après l'auteur, imbu de foi patriotique, les Italiens ont toujours eu le droit pour eux dans cette campagne, aussi bien contre les populations indigènes que contre leurs rivaux d'Europe. ELISÉE RECLUS.

Geschichte der oesterreichischen Land- und Forstwirtschaft und ihrer Industrien, 2 vol., in-8; XXV et 1028 pages; M. Perles, éditeur; Vienne, 1899. — Ce gros ouvrage, publié par la voie hiérarchique, est dû à la collaboration de nombreux fonctionnaires et comprend beaucoup de documents officiels sans intérêt, mais d'autres ont une grande valeur au point de vue de la statistique et de la législation comparée. Ce livre devrait se trouver dans les bibliothèques de toutes les écoles forestières. Elisée RECLUS.

INDEX. — **The Problem of South African Unity**, par B. WORSFOLD; vol. in-16; 64 pages; G. Allen, éditeur; Londres 1900.

Kapesní atlas zemépisny, en tchèque, par Antonin MIKOLASEK; vol. in-18; 30 cartes; Bursik a Kohout, éditeurs; Prague 1900. — Pour ceux qui ont besoin d'avoir tout le temps des cartes sous la main, c'est un livre de poche très utile, disposé avec soin.

10 Septembre 1899.

Les Anglais en Inde et en Egypte, par Eugène Aubin, vol. in-18, x-290 pages; A. Colin, éditeur; Paris, 1899. — L'auteur, correspondant du *Journal des Débats*, est un écrivain agréable qui a du moins le mérite d'entretenir ses lecteurs de choses bien connues de lui; il paraît surtout admirablement informé de tous les détails relatifs à l'histoire diplomatique récente de l'Egypte, mais la partie de son ouvrage, qu'il leur consacre nous laisse assez indifférent. A quoi bon se débattre contre un fait accompli? En dépit de toutes les arguties diplomatiques, l'Egypte n'est plus sous la suzeraineté du Sultan, c'est moins encore un pays soumis à l'influence française, c'est une terre anglaise, le parvis militaire de tout le bassin du Nil et la grande station sur le chemin des Indes. Inutile de délayer en cent pages l'exposé d'un événement sur lequel il n'y a point à revenir, à moins d'un bouleversement complet dans la puissance respective des nations militaires, et, dans ce cas, c'est d'ailleurs que viendrait le choc déterminant.

La première moitié du livre, qui traite de la péninsule gangétique, est beaucoup plus intéressante, car elle nous entretient d'un pays, dont le sort, fixé en apparence, est dans l'état d'équilibre le plus instable et où de grandes révolutions ne manqueront pas de s'accomplir. En premier lieu, les Anglais ne sont pas chez eux dans l'Inde, et même n'ont aucunement le désir de s'y trouver à d'autre titre que ceux de conquérants et d'exploiteurs. Ils sont des étrangers dans la Péninsule et tiennent à le rester, ne voulant à aucun prix combler l'abîme qui les sépare du monde méprisé des vaincus. Sans doute l'Anglais d'Angleterre éprouve un plaisir délicat à parler de l'unité du genre humain et même à grouper Hindous et Anglo-Saxons sous le commun vocable d'Indo-Germains, mais sur le territoire de conquête, il s'agit de bien autre chose. Là les maîtres ont trouvé le régime des castes, et loin de le combattre, ils l'ont consolidé de leur mieux, afin de maintenir cette division si précieuse pour leur propre domination. La subdivision infinie des castes et des sous-castes, jalousement surveillée par la répugnante aristocratie des brahmines privilégiés, tel est le moyen de gouvernement par excellence. Que tout ce monde s'exècre mutuellement sous le mépris altier de l'impassible Anglais ! La proportion des castes a été sagement dosée dans les régiments indigènes et tout a été calculé avec science de manière à ce que les armées des diverses garnisons puissent au besoin s'entr'égorger avec enthousiasme.

Grâce aux haines de caste à caste et à l'émiettement général de la population produit par le régime de division à l'infini, les Anglais craignent peu les Hindous, mais ils se méfient des Musulmans. Ceux-ci sont déjà respectables par le nombre puisque le recensement en compte une soixantaine de millions et qu'ils s'accroissent tous les jours, mais le grand danger provient de ce qu'ils restent solidaires les uns des autres et qu'en maintes provinces, ils constituent le gros de la nation. En outre, ils ont encore l'orgueil politique de leur ancienne domination, car le *Grand Mongol* était un des leurs et la langue commune de toute la moitié septentrionale de la Péninsule est celle qu'ils ont enseignée aux indigènes et aux Anglais eux-mêmes. Ils sont assez puissants pour que le gouvernement anglo-britannique prenne bien garde de les froisser, et si l'Angleterre a récemment forfait à sa politique traditionnelle en ne prenant pas la défense des chrétiens d'Arménie massacrés par le Sultan, c'est qu'elle craignait de se rendre impopulaire parmi ses sujets musulmans de l'Inde : entre le risque de difficultés locales et la honte d'approuver tacitement le massacreur d'un peuple, c'est la honte qu'elle a choisie.

Mais le gouvernement anglo-indien aura beau prendre des précautions pour éviter le froissement de ses sujets islamites, il est impossible qu'elle s'en fasse aimer, puisque Musulmans et Hindous, toujours en rivalité, auront toujours à se plaindre de leurs maîtres : quoi qu'on fasse, on ne pourra non plus empêcher tous les habitants de la Péninsule de s'intéresser au duel formidable qu'ils savent engagé entre les deux grandes puissances mondiales, la Russie et la Grande-Bretagne. Tous regardent vers la frontière dite « scientifique » du Nord-Ouest et s'attendent à voir les Cosaques et les Turkmènes russes descendre les montagnes de l'Afghanistan sous la conduite des Afridi et des Orokzaï redoutés. Sans doute, la grande masse des populations de l'Inde ne fera rien pour hâter le conflit, mais si lâche qu'elle soit elle n'osera pas se révolter se prosterner devant de nouveaux maîtres. Il n'y aura point de diversion prématurée en faveur des Russes, néanmoins les deux partis se préforment déjà, comme la feuille et la fleur dans le bourgeon. Les Anglais le savent et comprennent déjà la parfaite inutilité de leurs efforts pour modifier un mouvement inéluctable des esprits. Ils attendent mornes et fiers ; mais on relève chez eux, dans leurs conversations, leurs journaux, leurs livres, « une impression infinie de tristesse » (pp. 77, 78). La domination satisfait amplement leur orgueil, qu'importe puisqu'ils ne sont pas aimés, ce pouvoir reste précaire et même on peut le considérer comme perdu d'avance. L'Inde n'est pas britannique de cœur, elle cessera de l'être sur la carte du monde.

ELISÉE RECLUS.

10 Octobre 1899.

La colonisation française en Annam et au Tonkin, par JOLEAUD-BARRAL, vol. in-18, 248 pages; 4 francs; Plon, éditeur; Paris, 1899. — Après les deux ou trois heures agréables employées à lire l'ouvrage de M. Joleaud, je me demande si l'auteur n'a pas donné ironiquement à son livre le titre de « Colonisation française ». Sans doute, nous y apprenons que Hanoï devient une fort belle ville, avec magasins, boulevards et jardins publics; on nous énumère les industriels et spéculateurs « assoiffés d'or » qui se sont établis dans le pays pour exploiter à fond les vingt millions d'Annamites et de Tonkinois; on nous parle des entreprises d'un gouverneur qui, pour « faire grand » pendant ses trois années de vice-royauté, escamote avec une belle maîtrise deux cents millions dans les poches des gogos parisiens. Mais est-ce là coloniser? Surtout est-ce là civiliser? Hélas! La lecture de ce livre laisse une bien triste et douloureuse impression.

D'abord le chaos administratif! La chinoiserie bien plus que chinoise des règlements contradictoires auxquels indigènes et immigrants doivent obéir! On ne sait pas même si le Tonkin est terre française ou terre étrangère (p. 27). — Le ministère des colonies défend la première hypothèse, le ministère des affaires étrangères maintient la seconde, et suivant les circonstances, les procès, les occasions et les personnes, il faut payer alternativement dans l'une ou l'autre caisse, soumettre ses actes à telle ou telle juridiction. Autre chose, le Tonkinois est-il sous le régime des lois françaises, doit-il se conformer aux anciennes coutumes nationales ou bien attendre dévotement les décrets du gouvernement? Qu'il obéisse trois fois, comme il conviendra au bon vouloir d'en-haut : lois, coutumes, décrets, il faut qu'il se prosterne trois fois suivant le bon plaisir des maîtres. En plein tribunal d'Hanoï, on a pu entendre un jeune substitut rabrouant un plaideur : « Ici nous ne connaissons pas la loi! » (p. 173). C'est encore mieux qu'en France, où la justice civile et la justice militaire ont du moins la prétention d'être l'une et l'autre des « justices ».

On comprend combien en ce pays de caprice doit fleurir le parasitisme. Sous mille prétextes, on y mange au ratelier de l'État. L'un parce qu'il rend des services « exceptionnels », l'autre parce qu'il écrit les mensonges voulus, le troisième parce qu'il a l'habitude de palper des sommes, le quatrième parce qu'il faut bien faire comme les autres. Il en est qui se font attaquer, comme le roi Milan, pour se faire indemniser comme lui. Mais pour nourrir ces parasites, il convient de « faire suer » le pauvre peuple, et l'on n'y manque pas. D'abord le gouvernement s'est octroyé les deux monopoles du sel et des boissons fermentées, puis il accorde d'autres monopoles à ses favoris, celui de la « cadouille » et du fouet contre les travailleurs rebelles ou trop exigeants en fait de salaires, contre les imposés coupables de n'avoir plus rien. Des notables d'un village, ayant eu l'audace de réclamer un allègement d'impôts, sont condamnés à recevoir chacun quarante coups de rotin (pp. 183, 184). Des faméliques d'Hanoï s'étant rués contre un poste, précisément à l'époque où le gouverneur Doumer négociait son emprunt, on convint d'empêcher à tout prix que l'événement fût connu avant le moment psychologique de la souscription; on interdit les télégrammes et l'on se hâta de faire tomber les têtes en silence, (pp. 187, 188). Quant aux grèves, la loi préparée en 1895 donne aux colons le droit d'arrêter préventivement les indigènes et de se fournir pour rien ou pour peu de chose des condamnés que l'on va chercher dans les bagnes toujours bien remplis, en garantie des facilités de la main-d'œuvre (p. 163). Enfin, sous le gouvernement du républicain radical Doumer, la traite des Annamites est instituée au profit de quelques sacripants bien recommandés par les banquiers de Paris (pp. 193 à 217). Pour acheter un homme, il suffit de lui faire signer un papier rédigé en français et de payer quelques centaines de francs à son recruteur. Une fois livré aux entrepreneurs, le malheureux est perdu; on le fera périr à la tâche dans les minières de nickel en Nouvelle-Calédonie ou dans quelque plantation de l'Océanie lointaine.

C'est là ce qu'en style patriotique, on appelle « répandre sur les races inférieures les bienfaits de la noble civilisation française! »   ELISÉE RECLUS.

VOYAGES

Croquis du Nord, Nordland, Finmark, Spitzberg, par LUCIEN JOTTRAND, vol. in-18, 270 pages; 3 fr. 50; Lemoigne, éditeur, Paris, 1898. — Livre fort bien fait et qui témoigne d'un profond sentiment de la nature. Il ne contient le récit d'aucune découverte et pourtant il marque une date importante dans l'histoire des régions boréales. Désormais le Spitzberg est entré dans la zone d'attraction de l'agence Cook! Le monde banal du « tourisme » s'est agrandi, et celui des aventures s'est rétréci d'autant. Les hôteliers s'emparent des beaux sites, un marchand de fourrures s'est installé à l'Advant-bay. Hélas! Colomb avait bien raison de s'écrier : « La terre est petite! »

ELISÉE RECLUS.

Voyages.

Eine moderne Kreutzfahrt; par le Dr KARRILLON; vol. in-8; VIII—334 pages; 4 m. 60 pf. ; Fr. Ackermann, éditeur ; Weinheim 1899. — **Palestina. Land und Leute Reiseschilderüngen,** par N. BAMBUS. vol. in-8; 175 pages; 3 m.; S. Cronbach, éditeur ; Berlin 1898. — Bornons-nous à mentionner le premier de ces ouvrages, qui se lit avec plaisir, mais sans beaucoup de fruit.

Quelques descriptions, en parties imitées, en partie traduites de Loti; quelques mots assez plaisants, et c'est tout ; malgré le titre de « Nouvelle Croisade », que l'auteur donne à son livre, il n'est, dans son récit, inspiré par aucune foi. Pourvu que notre homme ait eu le plaisir d' « abattre des kilomètres », il est pleinement satisfait et nous le sommes avec lui.

L'auteur du deuxième ouvrage est d'une autre trempe : c'est un juif qui brûle d'ardeur pour sa foi et d'amour pour ses coreligionnaires; tout entier à sa passion, il nous intéresse du moins, s'il ne nous passionne pas. Le livre de M. Bambus possède une autre qualité maîtresse, la sincérité. L'auteur n'exagère pas; il n'a point la prétention, comme certains « sionistes », de nous dépeindre une Palestine déjà transformée et « une terre de promission » découlant « de lait et de miel ». Il ne se laisse point entraîner à chanter la gloire d'un empire de Salomon restauré. Non, il garde un ton constamment modeste et nous énumère les faits dans leur froide nudité statistique. Ainsi, nous apprenons que la population israélite de la Palestine, Sephardim, Achkenazim et Karaïtes, ne dépasse pas 50,000 individus, soit un huitième ou un dixième de tous les habitants. Dans certains districts, on ne trouve pas un seul juif : celui d'entre eux qui se présenterait dans les villes spécialement chrétiennes de Bethléem et de Nazareth risquerait fort d'être lapidé. A Jérusalem même, les chrétiens sont loin d'avoir la majorité, ils disposent d'une influence bien supérieure à celle des juifs, qui sont obligés de se tenir discrètement à l'écart. En tout, les diverses colonies juives agricoles de la Palestine cis-jourdane comprennent actuellement une étendue de 20.000 hectares, soit environ la vingtième part du territoire ; en outre, des colons juifs occupent une dizaine de milliers d'hectares dans la Trans-Jourdanie.

On voit que l'œuvre de colonisation sionique est vraiment très peu de chose au point de vue économique : d'ailleurs, elle ne pourra s'accroître que faiblement, vu l'augmentation rapide du prix des terres arables et irrigables : le marché se rétrécit de plus en plus. Mais les éléments de la Nouvelle Sion n'en sont pas moins intéressants. A côté d'entreprises banales qui n'ont d'autre visée que de gagner de l'argent en faisant travailler des manœuvres à bas prix, on voit la colonie de Roch Pina, cultivée par d'authentiques paysans juifs, animés d'un généreux esprit de solidarité fraternelle. On admire aussi les résultats obtenus par la colonie de Gadra, que fondèrent des étudiants israélites de Russie, désireux de montrer au monde qu'il se trompait en déniant aux juifs toute possibilité de réussite dans le travail de la terre. Cette colonie est un brillant exemple de succès ; mais il faut le dire, l'idéal de ces jeunes hommes s'est amoindri. A l'origine de leur apostolat agricole, ils se disaient aussi des apôtres du socialisme, mais l'ambiance en a fait désormais de simples bourgeois, chez lesquels le patriotisme juif se mêle au loyalisme russe. M. Bambus les en félicite fort ; je crois qu'il vaudrait mieux les en plaindre.

Chose curieuse : le petit trafiquant israélite, simple intermédiaire et prêteur sur gages, ne serait guère représenté dans le monde sioniste. Les gens qui rempliraient ce rôle en Palestine seraient les colporteurs et épiciers allemands; c'est en eux que les juifs ont trouvé leurs « juifs ». Quoi qu'il en soit, l'évolution qui se produit dans le monde sioniste est des plus intéressantes, surtout par le contraste entre les anciens juifs résidents, vivant de charité et devenus naturellement des mendiants abjects, et les juifs immigrants apportant des idées nouvelles, des ambitions et même le zèle de l'étude. Tandis que les vieux pourrissent dans l'ignorance, les jeunes entrent en lutte avec les rabbins pour fonder des écoles, ils étudient les langues, s'occupent même de réunir les éléments de la future Université hébraïque.

Tels sont les faits à noter particulièrement dans l'ouvrage de M. Bambus. Nous regrettons seulement que l'auteur ait cru devoir employer un langage de basse humilité à l'adresse du « Protecteur ». Les générosités du milliardaire ne seront jamais que de faibles acomptes sur une exigible restitution.

En l'Indo-Chine par le COMTE BARTHÉLEMY, vol. in-18°, 248 pages. 4 fr.: Plon, éditeur, Paris, 1899. — Ouvrage que les révérends pères jésuites peuvent aux jours de distribution des prix donner en toute confiance à leurs élèves ; ceux-ci n'y apprendront pas grand chose sur la géographie ni sur les populations du Cambodge, du Laos et du Siam, mais ils auront tous les renseignements désirables sur les prêtres et vicaires, les frères ignorantins et les religieuses qui se sont établis dans le pays, à la plus grande gloire de l'église catholique et de ses saints.

ELISÉE RECLUS.

Mai 1900.

VOYAGES.

Nouvelle France et Nouvelle Angleterre, par Th. Bentzon; vol. in-18;
320 p.; 3 fr. 50; Calmann Lévy, éditeur; Paris, 1899. — Un ouvrage signé du nom
de Bentzon ne saurait être mal écrit ni dépourvu d'intérêt, mais avouons en toute
franchise que nous attendions mieux. C'est la vie des Canadiens français que
nous aimerions à connaître, et l'auteur nous promène de couvent en couvent,
nous faisant voir le monde par les lucarnes de ces lieux funestes, nous racontant
les jugements et les impressions des « dames noires, sœurs de la mort ». En
pareille compagnie, l'auteur ne peut que se tromper et nous induire en erreur.
Non, il n'est pas vrai que les prêtre saient été les « fidèles gardiens de la langue »,
puisqu'ils ont fait passer toujours les intérêts de l'Eglise avant ceux de la nation,
et que, pour s'assurer une clientèle irlandaise, ignorante du français, ils ne man-
quent pas de sacrifier le parler des aïeux avec une parfaite désinvolture. Et que
signifie cette prétendue « fidélité à la langue » alors qu'on prend soin de la maintenir sous forme de jargon, de tuer toute littérature sérieuse, d'interdire en fait
de livres tout ce qui ne fleure pas le Jésuite? Les prêtres ne préparent-ils pas
ainsi la disparition du français, en laissant à l'anglais la supériorité comme véhi-
cule de la science et de la haute pensée? Et si les familles sont riches en enfants, quel avantage en a l'humanité si la moitié de cet accroissement sert à for-
tifier l'armée de nos ennemis, les obscurantistes et les marchands de résignation?
« Coupons le câble! » répétons-nous avec André Léo, coupons le câble qui
nous relie encore à tout ce monde noir du moyen-âge!

Elisée Reclus.

Octobre 1900.

**The Student's Gibbon, a history of the decline and fall of the Roman
Empire**; abridged from the original work by sir William Smith; New and revised edi-
tion in two parts by A.-H.-I. Greenidge: part I, vol. in-18; xvii et 422 p.; 5 sh.; Murray,
éditeur; Londres, 1899. — Cet ouvrage, résumé de l'histoire monumentale du *Déclin
et de la chute de l'Empire romain*, paraît avoir été préparé avec le plus grand soin,
d'une part avec le souci scrupuleux de respecter le texte original du maître, d'autre
part avec la préoccupation du devoir, plus urgent encore, de fournir à l'étudiant des
suppléments, des notes et des appendices qui le tiennent au courant de toutes les
théories proposées par les divers historiens modernes. De bonnes gravures, surtout
des portraits, des reproductions de monnaies et de mosaïques, des photographies de
monuments ornent le texte, qui contient aussi quatre cartes, l'une fort détaillée,
représentant les divisions administratives sous le règne de Dioclétien.

Elisée Reclus.

10 Août 1899

SCIENCES GÉOGRAPHIQUES

GÉOGRAPHIE GÉNÉRALE.

The Philippine Islands, par RAMON REYES LALA, vol. in-8, 342 pages; $ 2,50 ; Continental Publishing C⁰; New-York, 1898. — **The Pearl of the Antilles**, par FREDERIC M. NOA, vol. in-18; XII-84 pages, chez l'auteur, New-York, 1898. — **The American Colonial Handbook**, par THOMAS CAMPBELL COPELAND, vol. in-18, 180 pages; 50 cents; Funk et Wagnalls, éditeurs; New-York, 1899. — Les éditeurs américains font de leur mieux pour assouvir la fringale patriotique des lecteurs enthousiasmés par la récente expansion de leur empire colonial. Ils publient volume sur volume; mais trop de hâte nuit en pareille matière : la quantité fait tort' à la qualité. Ainsi l'ouvrage de M. Lala, très luxueux d'aspect, n'apprendrait rien au public si de nombreuses photographies ne suppléaient heureusement à l'insuffisance du texte. De grandes phrases ne remplacent pas les faits. M. Lala, Philippin de naissance, Américain d'éducation, dédie son livre à l'amiral Dewey et au président Mac Kinley. Il le regrettera peut être, et nous le regrettons pour lui, car s'il est vrai qu'il aime sa terre natale, il doit exécrer ceux qui maintenant la profanent d'une si odieuse façon. L'œuvre actuelle des Américains dans l'Archipel asiatique n'est-elle pas un des grands crimes contemporains ?

Et Cuba, cette *Perle des Antilles* à propos de laquelle les hommes d'Etat américains ont si souvent juré leur grand serment de loyaux émancipateurs! Le régime qu'ils lui font subir maintenant est ce qu'ils appellent « affranchissement », « glorieux avénement à la liberté! » Et des auteurs comme M. Noa, ont le front de reprocher aux Espagnols d'avoir longtemps maintenu l'esclavage dans l'île de Cuba, oubliant que les Etats-Unis eurent aussi leurs esclaves, qu'ils les traitèrent d'une manière atroce, et qu'ils poursuivent encore chez les fils de ces esclaves, par des injustices de toute nature, le crime de la descendance africaine !

Parmi tous ces ouvrages récents, nés de l'orgueil chauvin, un des meilleurs, parce qu'il renferme, sous un mince volume, une très grande abondance de renseignements, est le Manuel Colonial Américain de Copeland, qui d'ailleurs est composé de la façon la plus bizarre. La partie la plus détaillée du livre se compose de « catéchismes » locaux, rédigés à la façon de certaines géographies scolaires : « Quels méridiens passent à travers Cuba? » « Quels sont les meilleurs terrains pour planter les bananiers ? » « Loue-t-on le caractère des habitants de Puerto Rico ? » « Pour quel genre de travail la tribu des Catalangano est-elle renommée? » Et ainsi les questions se suivent par centaines. ELISÉE RECLUS.

35

Humanité ... 10 août 1899

10 Août 1899.

COLONISATION.

Psychologie de la Colonisation française, par LÉOPOLD DE SAUSSURE; vol. in-18 de 312 p.; 3 fr. 50; Félix Alcan, éditeur; Paris, 1899. — Ce livre contient de nombreuses vérités, et les fanatiques de l'empire colonial peuvent y trouver en abondance les exemples des bévues commises dans l'éducation de nos « frères inférieurs ». Ils y verront ce que valent les « bienfaits de notre civilisation ».

A ce point de vue le livre est bon, mais son mérite même nous oblige à l'étudier de près. C'est ainsi que nous sommes amenés à constater qu'il se trompe foncièrement sur la question coloniale : toute son argumentation nous paraît tomber en dehors du sujet.

Qu'on en juge par l'exposé des théories dans lesquelles il voit le résumé de la conduite du gouvernement français à l'égard de ses colons : « La croyance dans l'unité morale du genre humain et dans la prédominance de la raison pure comme mobile de l'humanité, tels sont les principes qui se dégagent de notre politique nationale » (p. 30). Hélas ! comme la réalité diffère de ce prétendu idéal de gouvernement, contre lequel s'escrime notre auteur à grands renforts de citations et de renvois, y compris tout un chapitre emprunté à Gustave Lebon (p. 110 à 133).

Certes, l'idéal vrai des conquérants coloniaux, soldats, prêtres, fonctionnaires, explorateurs, capitalistes et colons est tout autre. L'unité morale du genre humain » et la « raison pure » ne les préoccupent guère. Pris en masse, les Français qui débarquent sur une de ces terres étrangères, qu'ils disent leur appartenir, ne sont nullement animés de cet esprit d'égalité humaine dont nous parle M. de Saussure. Comme les autres Européens, Anglais, Allemands ou Hollandais, ils se croient infiniment supérieurs à la « négraille », aux « arbico », aux « macaques », à la « vermine indigène », et, dans cet orgueil de race, il arrive le plus souvent que les gens qui se targuent le plus de leur supériorité sont précisément ceux que dans leur propre pays on tient en fort médiocre estime. Il me semble vraiment naïf, grotesque même, d'accuser les vainqueurs français de parler aux Asiatiques ou aux Africains vaincus des « immortels principes de quatre-vingt-neuf ». Quant à moi, je les accuse d'arriver l'insulte à la bouche et de blesser par des ricanements, par des coups, l'amour-propre et la dignité des malheureux qu'ils prétendent civiliser ; je les accuse d'employer le poing, le fouet et la courbache ; de s'arroger le droit de faire du mal aux faibles, de corrompre, d'avilir de toutes manières ces peuples, du sort desquels ils sont doublement responsables, comme conquérants et comme législateurs ! Et quand ils ouvrent des écoles et qu'ils jettent dédaigneusement quelque peu d'instruction aux enfants des opprimés, ils s'étonnent que ceux-ci profitent aussitôt de leur petit savoir pour aiguiser leur esprit de ruse et de vengeance contre le maître. Eh ! comment pourrait-il en être autrement ? Cette haine de l'esclave qui se redresse contre nous est méritée, et nous prouve du moins que tout espoir de relèvement n'est pas perdu ! Il est naturel que les Hindous, les Egyptiens, les Cafres et les Irlandais haïssent l'Anglais, il est naturel que l'Arabe exècre le Roumi. C'est justice !

Mais l'auteur du livre qui nous occupe semble ignorer ce fait capital, la haine entre vainqueur et vaincu, et nous entretient seulement des illusions qui dirigent la conduite des rares fonctionnaires honnêtes s'occupant avec conscience du gouvernement des indigènes. Au fond, sa critique se borne à faire le procès de la centralisation, et, à cet égard, il n'est pas douteux qu'il ait pleinement raison. La centralisation est aussi funeste en Cochinchine qu'en France, et plus funeste encore, parce que là-bas elle s'applique à des hommes plus différents de toute manière : les inconvénients de la centralisation s'accroissent en raison directe du carré de la distance. Les Anglais, les Hollandais, plus avisés, comprennent mieux leurs intérêts et suivent des procédés différents selon les milieux ; ils en retirent par conséquent de beaucoup plus grands avantages ; mais là n'est pas le vice radical. Peuples « germaniques », aussi bien que peuples « latins » — pour nous servir de l'absurde langage courant — ont également commis le même péché originel à l'égard de leurs sujets de race différente ; ils les ont soumis par la force et c'est par la force qu'ils les tiennent dans l'obéissance. Là est le crime irrémédiable : « La mer y passerait sans laver la souillure ».

L'auteur lui-même, soit dit sans l'offenser, ne me paraît pas tout à fait innocent de cet esprit de malveillance contre les peuples dits inférieurs. Pourquoi ce long chapitre sur Haïti, qui depuis cent ans n'est plus colonie française et qui avant la Révolution était « la plus belle colonie du monde ? » (p. 204). Si M. de Saussure nous apportait quelque fait nouveau sur cette merveilleuse Antille, il y aurait lieu de lui en savoir gré quand même, mais vraiment il ne vaut pas la peine de reproduire vingt à trente pages tirées de Spencer Saint-John, et par conséquent vieilles d'un demi-siècle.

Ce n'est pas donner preuve d'une psychologie bien complexe que de nous dépeindre les nègres comme autant de féroces gorilles, nous répéter sans l'ombre d'une preuve, d'un nom, d'une date, des assertions de St-John sur le culte du Vaudoux et sur les sacrifices humains, et de nous redire les plaisanteries mille fois ressassées sur le français baroque et prétentieux des fonctionnaires de là-bas. En un mot, nous demandons des observations précises, des recherches sérieuses, une enquête scientifique, et M. de Saussure nous offre des redites pour appuyer des contre-vérités. Ainsi l'on nous sert encore avec sarcasme la fameuse phrase : « Périssent les colonies plutôt qu'un principe ! » comme si l'abolition de l'esclavage, considérée comme principe, avait eu pour conséquence la ruine d'Haïti ! Mais s'il est un fait incontestable, c'est qu'Haïti a été perdue pour la France et que les blancs ont été égorgés, d'abord parce qu'on a trop tardé à libérer les esclaves, et qu'après libération, Bonaparte et sa séquelle ont voulu les asservir de nouveau. Les colonies ont péri en vertu même de la violation du principe. Combien je préfère entendre dire avec les philosophes anciens que « la terre et les cieux tournent sur l'axe de la justice ! »

Je reprocherai également à M. L. de Saussure de formuler des assertions hasardées et de faire des citations incorrectes. Ainsi, pour n'en citer qu'un exemple, il attribue à « Elisée Reclus, ce rêveur égalitaire peu suspect de partialité antisémite », une protestation contre le décret de Crémieux naturalisant en bloc les Juifs de l'Algérie. Les phrases qu'il cite à cette occasion n'ont jamais été pensées ni écrites par moi : les effets du prétendu suffrage universel, avec ou sans le concours des Juifs, me paraissent trop déplorables pour que je voie dans cette mauvaise plaisanterie un des éléments essentiels de l'histoire contemporaine. Avec ou sans le décret Crémieux, la question juive en Algérie serait restée identique au fond. Elle ne peut se régler par des lois ; il y faudrait comme à tous autres problèmes politiques, un haut sentiment de justice et d'équité.

La justice et l'équité, voilà ce qu'ont le droit d'exiger toutes les populations coloniales. « Mais ce sont là des principes », dira M. de Saussure. Sans doute, et si vous ne les appliquez pas, jamais vous n'effacerez le crime de la conquête ; il vous poursuivra comme les Euménides, et vous précipitera de malheur en malheur. Tout se paie, et certainement les comptes d'Algérie et de Madagascar, des Indes Orientales et des Indes Occidentales, de Cuba et des Philippines nous seront présentés !

Elisée Reclus.

VOYAGES.

La Australia Argentina, par Roberto J. Payro ; vol. in-8 ; 448 pages ; La Nacion, éditeur ; Buenos-Ayres 1898. — *L'Australie Argentine* ou *l'Argentine Australienne* ! Ce beau titre est-il mérité ? se demande-t-on avec surprise, et vraiment, après lecture attentive de l'ouvrage, je dois avouer que le mot est un peu ronflant. Non, la Patagonie Argentine, car il s'agit de ce territoire, est encore bien loin de pouvoir se comparer à l'Australie, soit pour l'abondance de ses mines ou pour la richesse de ses troupeaux, soit pour le nombre et l'activité de ses habitants. Mais excusons l'auteur. Correspondant de la *Nacion*, l'un des journaux dirigeants de Buenos-Aires, il avait grand désir de voir les choses en grand, de contempler dès maintenant les progrès qui tôt ou tard ne manqueront pas de se réaliser dans les vallées andines et sur le bord des rivages de la Patagonie.

Actuellement les progrès, quoique incontestables et riches en promesses, se réduisent à peu de chose, si ce n'est pour la basse plaine de Chubut et pour le district de Gallegos, au nord du détroit de Magellan. Près d'une moitié de ce territoire est déjà concédée à de riches propriétaires, Anglais, Gallois, Français ou autres, possédant chacun des milliers d'animaux, importés de l'archipel Falkland ; deux des estanciers ont même l'un et l'autre jusqu'à cent mille moutons. Pour l'industrie pastorale, la Patagonie commence donc à prendre une certaine valeur économique ; mais ses villes futures ne sont encore que d'humbles villages, très distants les uns des autres ; ses rades, même les mieux situées, sont encore presque désertes, et ses meilleures terres, accaparées par des spéculateurs, risquent fort de n'arriver entre les mains de colons sérieux qu'après avoir été grevées d'un lourd impôt d'usure. A cet égard, la République Argentine fait maúvaise figure à côté du Chili, dont la colonie magellanique Punta Arenas, est un véritable centre de commerce, de culture et de peuplement. C'est de Punta Arenas, officiellement Magallanes, et non de Buenos-Aires, que se fait dans toute la Patagonie espagnole le rayonnement du progrès.

M. Payro a consciencieusement poursuivi son voyage jusqu'aux dernières stations de la Terre de Feu, et même a visité la Terre des Etats où se trouve le pénitencier militaire de San Juan de Salvamento, dernier établissement, tristement symbolique, de ce que l'on appelle le monde civilisé. L'auteur nous donne la description obligatoire des Fuégiens indigènes, les Onas, Yagan et Alakaluf, qui malheureusement ne sont plus représentés que par de bien rares individus, réfugiés dans le voisinage des missions. Les détails ethnographiques reproduits par l'auteur de l'Australie Argentine sont presque tous extraits de l'ouvrage de Bridges, missionnaire anglais qui séjourna pendant de longues années parmi ces Fuégiens, les aima, et fut aimé d'eux. Sous la direction de ce guide excellent, M. Payro ne pouvait nous faire que des récits d'un haut intérêt ; il y ajoute quelques légendes et le témoignage précieux d'une ancienne carte des Jésuites, datant de 1635, qui nous montre des Onas accueillant les naufragés à bras ouverts. Hélas ! ils en ont été bien récompensés ! Ces indigènes, presque tous intelligents, comme on doit l'attendre d'hommes qui avaient à s'ingénier pour vivre quand même en ce climat hostile, ont été méthodiquement abattus, comme des loups par des bergers des *haciendas*, et traqués même, chose abominable, par des naturalistes, par des savants. Ici, je me borne à citer (pages 231 et 245). « Les explorateurs en sont venus dans leur zèle scientifique jusqu'à fusiller les Fuégiens, pour enrichir les musées d'Europe de leurs squelettes... En 1886, un explorateur, débarquant dans la baie de San Sébastian, a commencé sa noble tâche par capturer des femmes et des enfants, qu'il a menés ensuite à Buenos-Aires blessés et sanglants... En 1888, le capitaine d'un bateau à vapeur, arrivant au premier détroit de Magellan, s'empare d'une famille Ona, qu'il fait charger de chaines, comme des tigres du Bengale, et qu'il exhibe ensuite en Europe, dans les jardins zoologiques et d'acclimatation. En 1896, un groupe d'hommes appartenant à une expédition de savant officiels, assassine des vieillards, enlève et viole des femmes... au nom de la science, à l'honneur de la mission que leur a confiée le ministre d'un grand peuple.

Les cartes et les gravures de l'Australie argentine sont très insuffisantes. Il eût mieux valu ne pas en donner.

ELISÉE RECLUS.

1ᵉʳ Octobre 1900.

Man, Past and Present, par A.-H. Keane ; 1 vol. in-12 ; 584 p. ; *University Press*, éditeur ; Cambodge. — Cette publication, qui fait suite à l'*Ethnology* du même auteur, appartient à la belle série des ouvrages scientifiques dirigée par M. Guillemard. Les noms bien connus de l'éditeur et de l'auteur sont pour nous une garantie d'excellence, et le livre de M. Keane est, en effet, une mine de renseignements extrêmement précieuse. L'index témoigne déjà de l'importance du travail entrepris. Mais il ne faut pas chercher d'idées nouvelles dans cette classification de races et de sous-races. L'auteur est monogéniste, ainsi que la plupart de ses compatriotes, toujours fidèles à l'enseignement de la Bible, même quand ils ne la mentionnent pas ; mais il reconnaît volontiers la descendance animale de l'homme et ne serait pas éloigné de voir dans l'*Homo javanensis* de Dubois la transition tant cherchée du prototype simien à l'homme actuel (pp. 3 et 4) : ainsi d'île en île et de continent en continent, tous les humains se seraient propagés des régions tropicales de l'Insulinde jusqu'aux extrémités de la terre. Une scission graduelle entre les types aurait formé progressivement les quatre divisions majeures du genre humain, Éthiopiens, Mongols, Américains, Caucasiens, autrement dit, — en conformité avec le jugement populaire, — les Noirs, les Jaunes, les Rouges et les Blancs : la couleur de la peau serait toujours l'indice caractéristique de la race. Jusque-là, M. Keane reste fidèle aux traditions, et c'est peut-être encore par conservatisme qu'il va chercher l'origine des Mongols sur le plateau du Thibet, de même qu'on a si longtemps persisté à voir dans les hautes terres neigeuses des Pamir, le présent « toit du monde », les berceaux des Ariens. Les premiers Mongols auraient dominé les pentes d'où leurs fils seraient descendus, les uns vers l'Océan du Sud, les autres vers les mers de l'Orient et du Septentrion. Il est vrai que, pour expliquer la naissance d'un groupe humain dans ces régions de l'éternelle froidure, l'auteur suppose gratuitement de grandes révolutions terrestres : le Thibet aurait été jadis beaucoup plus bas et se serait exhaussé depuis, forçant les Thibétains actuels à s'accommoder aux frimas.

L'auteur s'abandonne ainsi volontiers à ses fantaisies et, dans maintes autres parties de son livre, nous parle de migrations et de contre-migrations qu'aucun document historique, aucun vestige préhistorique ne l'autorise à citer. Mais ce que nous lui reprochons surtout, c'est de se laisser entraîner par cette folie d'orgueil qui s'est emparée des forts ou de ceux qui se croient tels. M. Keane juge de très haut et très insolemment les peuples dits « inférieurs ». Il serait assez disposé à croire que nègres et cafres « retombent dans l'animalité primitive » (p. 40). Quant aux Annamites, « durs de face, durs de cœur » (p. 210), ils seraient « arrogants, malhonnêtes, morts à tous les sentiments délicats de la nature humaine » (p. 212); on répète volontiers sur leur compte la citation suivante : « Moins il y en aurait, moins on verrait d'opprobre parmi les hommes. »

Heureusement, l'humanité comprend l'Anglais, l'« homme juste et le dominateur-né » (p. 532), celui qui, « très différent de l'Espagnol » (p. 538), sait comprendre sa mission comme maître des empires. En prose, et avec force, M. Keane nous récite à nouveau *the White mans' Burden.*

L. Dumesnil

RECLUS (Jean-Jacques-E<u>lisée</u>).
- Comptes-rendus : 1898-1900 / publiés par Elisée Reclus.- S.l. , s.d.- 40 p.

8° G. 9924

Dossier de coupures de la revue "L'Humanité nouvelle" (Paris),rassemblées
par Mme Louise Reclus-Dumesnil,soeur de l'auteur.-Don 154954.

[1]: "Les Français d'aujourd'hui",par Edmond Demolins,Paris,1898 : Compte-rendu.
p1-5   5 p.
        Extr. de: "L'Humanité nouvelle",XI.1898.
p.6 [2]: "Les Communes mixtes et le Gouvernement des indigènes en Algérie",Paris,
        1897 : compte-rendu.-1 p.   Extr. de : "L'Humanité nouvelle",1.I.1899.
p.8 [3]: "Natalité et démocratie"par Arsène Dumont,Paris,1898 : compte-rendu.-1 p.
        Extr. de "L'Humanité nouvelle",II.1899.
[4]: "Les Pays de France,projet de fédéralisme administratif",par Pierre Foncin.
p.10-11   Paris,1898 : compte-rendu.-2 p.
        Extr. de "L'Humanité nouvelle",10.III.1899.
[5]: "Trois ans aux déserts d'Asie",par Sven Hedin,trad. du suédois et résumé
        par Charles Rabot,Paris,1899 : compte-rendu.-1 p.
p.12   Extr. de : "L'Humanité nouvelle",10.III.1899.

p.14 [6]: "La Dépopulation en France",par René Gonnard,Lyon,1898 : compte-rendu.-1 p.
        Extr. de "L'Humanité nouvelle",10.III.1899.
p.16 [7] : "Le Dahomey",par Edouard Foa,Paris,1895 : compte-rendu.-1 p.
        Extr. de "L'Humanité nouvelle",IV.1899.
[8]: "In the shadow of Sinaï,by Agnes Smith Lewis,Cambridge,1898 : compte-rendu.-
        1 p.
p.16   Extr. de "L'Humanité nouvelle",IV.1899.
p.18 [9]: "Jours de Guinée",par Pierre d'Espagnat,Paris,1898 : compte-rendu.-1 p.
        Extr. de "L'Humanité nouvelle",V.1899.
[10]: "Spain,its greatness and decay,1479-1788",by Martin A.S.Hume,Cambridge,
        1898 : compte-rendu.-1 p.
p.18   Extr. de "L'Humanité nouvelle",V.1899.
[11]: "Congrès national d'hygiène et de climatologie médicale de la Belgique et
.p.20   du Congo",2e partie,Bruxelles,1898 : compte-rendu.-1 p.
        Extr. de "L'Humanité nouvelle",VI.1899.
[12]: "L'Etat indépendant du Congo",par A.J.Wauters,Bruxelles,1898 : compte-
p.20-22 rendu.-2 p.   Extr.de l"Humanité nouvelle",VI,1899.
[13]: "The Transition of North-Carolina from colony to Commonwealth",par Enoch
        Walter Sikes,Baltimore,1899 : compte-rendu.-1 p.
p.24   Extr. de l'"Humanité nouvelle",VII,1899.
[14]: "La Colonia eritrea",par R.Meldi,Parma,1899 : compte-rendu.-1 p.
p.24   Extr. de L"Humanité nouvelle",VII.1899.
[15]: "Geschichte der oesterreichischen Land- und Forstwirtschaft und ihrer In-
        dustrie",Wien,1899 : compte-rendu.-1 p.
p.24   Extr. de "L'Humanité nouvelle",VII.1899.
[16]: "The Problem of South African unity",by B.Wo.rsfold,Londres,1900 :mention.
p.24   Extr. de "L'Humanité nouvelle",VII.1899
[17]: "Kapesni atlas zémépisny",par Antonin Mikolasek,Prague,1900 : mention.
p.24   Extr. de "L'Humanité nouvelle",VII.1899.
[18]:"Les Anglais en Inde et en Egypte",par Eugène Aubin,Paris,1899 : compte-
p.26-27 rendu.-2 p.
        Extr. de "L'Humanité nouvelle",10.IX.1899.
[19]: "La Colonisation française en Annam et au Tonkin",par Joleaud-Barral,Paris,
p.28   1899 : compte-rendu.-1 p.
        Extr.de : "L'Humanité nouvelle",10 .X.1899.

[20] :"Croquis du Nord,Nordland,Finmark,Spitzberg",par Lucien Jottrand,Paris,
p.30   1898 : compte-rendu.-1 p.
          Extr. de L"'Humanité nouvelle",XI,1899.

[21] : "Eine moderne Kreutzfahrt",par le Dr Karrillon,Weinheim,1899 : mention.
p.30   Extr. de "L'Humanité nouvelle",I.1900

[22] : "Palestina,Land und Leute,Reiseschilderungen", par N.Bambus,Berlin,1898 :
          compte-rendu.-1 p.
p.30-31   Extr. de :"L'Human ité nouvelle",I.1900.

[23] : "En l'Indo-Chine",par le Comte Barthélémy,Paris,1899 : compte-rendu.-
          1 p.
p.31   Extr. de"L'Humanité nouvelle",I.1900.

[24] : "Nouvelle France et Nouvelle Angleterre",par Th.Bentzon,Paris,1899 :
p.32 -   compte-rendu.-1 p.
          Extr. de "L'Humanité nouvelle",V.1900.

[25] : "The Student's Gibbon,a history of the decline and fall of the Roman
p.32   Empire",Londres,1899 : compte-rendu.-1 p.
          Extr. de : "L'Humanité nouvelle",X.1900.

[26] : "The Philippine Islands",par Ramon Reyes Lala,New York,1898 : compte-
p.34   rendu -1 p.
          Extr. de "L'Humanité nouvelle",10.VIII.1899.

[27] : "The Pearl of the Antilles",par Frederic M.Noa,New York,1898 : compte-
p.34   rendu.-1 p.
          Extr. de : "L'Humanité nouvelle",10.VIII.1899.

[28] : "The American colonial Handbook",par Thomas Campbell Copeland,New York,
p.34   1899 : compte-rendu.-1 p.
          Extr. de : "L'Humanité nouvelle",10.VIII.1899.

[29] : "Psychologie de la colonisation française",par Léopold de Saussure,Paris,
p.36-37   1899 : compte-rendu.-2 p.
          Extr. de : "L'Humanité nouvelle",10.VIII.1899.

[30] : "La Australia argentina",par Roberto J.Payro,Buenos Ayres,1898 : compte-
          rendu.-2 p.
p.37-38   Extr. de "L'Humanité nouvelle",10.VIII.1899.

[31] : "Man,past and present",par A.H.Keane,Cambridge,1899 : compte-rendu / par
          Louise Dumesnil.-1 p.
p.40   Extr. de "L'Humanité nouvelle",1.X.1900.